José Zorrilla

Para verdades el tiempo y para justicia Dios

Tradición

Barcelona **2024**
Linkgua-ediciones.com

Créditos

Título original: Para verdades el tiempo y para justicia Dios.

© 2024, Red ediciones S.L.

e-mail: info@linkgua.com

Diseño de cubierta: Michel Mallard.

ISBN rústica: 978-84-9816-284-4.
ISBN ebook: 978-84-9897-897-1.

Sumario

Brevísima presentación

La vida
José Zorrilla (Valladolid, 1817-Madrid, 1893). España.
Tras estudiar en el Seminario de Nobles de Madrid, fue a las universidades de Toledo y Valladolid a estudiar leyes. Abandonó los estudios y se fue a Madrid. Las penurias económicas le hicieron a vender a perpetuidad los derechos de Don Juan Tenorio (1844), la más célebre de sus obras. En 1846, viajó a París y conoció a Alejandro Dumas, padre, George Sand y Teophile Gautier que influyeron en su obra. Tras una breve estancia en Madrid, regresó a Francia y de ahí, en 1855, marchó a México donde el emperador Maximiliano lo nombró director del teatro Nacional. Publicó un libro de memorias a su regreso a España.

Para verdades el tiempo

I

Juan Ruiz y Pedro Medina,
dos hidalgos sin blasón,
tan uno del otro son
cual de una zarza una espina.
Diz que Pedro salvó a Juan
la vida en lance sangriento;
prendas de tanto momento
amigos por cierto dan.
Pasan ambos por valientes
y mañeros en la lid,
y lo han probado en Madrid
en apuros diferentes.
Ambos pasan por iguales
en valor y en osadía,
pero en fama de hidalguía
no son lo mismo cabales.
Que es Juan Ruiz hombre iracundo,
silencioso por demás,
que no alzó noble jamás
el gesto meditabundo.
Ancha espalda, corto cuello,
ojo izquierdo, torvas cejas,
ambas mejillas bermejas,
y claro y rubio el cabello.
Y aunque lleva en la cintura
largo hierro toledano,
dale, brillando en su mano,
más villana catadura.
Y aunque arrojado y audaz
en la ocasión, rara vez

carece su intrepidez
de son de temeridad.
   Ágil, astuto o traidor,
hijo de ignorada cuna,
debe acaso a su fortuna
mucho más que a su valor.
   Presentose ha pocos años
de Indias advenedizo,
diz que con nombre postizo
cubriendo propios amaños.
   Mas vertió lujo y dinero
en festines y placeres,
aunque fue con las mujeres
más falso que caballero.
   Hoy pasa, pobre y oscuro,
una existencia común,
y medra o mengua según
los dados le dan seguro.
   Hombre de quien saben todos
que vive de malvivir,
mas nadie sabrá decir
por cuáles o de qué modos.
   Modelos en amistad
ambos para el vulgo son,
mas con Pedro es la opinión
menos rígida en verdad.
   Porque es Pedro, aunque arrogante
y orgulloso en demasía,
mozo de más cortesía
y más bizarro talante.
   De ojos negros y rasgados
con que a quien mira desdeña,
nariz corta y aguileña,
con bigotes empinados.

Entre sombrero y valona
colgando la cabellera,
y alto el gesto en tal manera,
que cuando cede perdona.

Mas si sombras de matón
tales maneras le dan,
tiénela más de galán
por su noble condición.

Que no hay en Madrid mujer
que un agravio recibiera,
que a su espada no tuviera
satisfacción que deber.

Ni hay ronda ni magistrado
que en revuelta popular.
no le haya visto tomar
ayuda y parte a su lado.

Tales son Ruiz y Medina,
de quienes, por concluir,
fáltame solo decir
que amaban a Catalina.

Es ella una moza oscura,
de talle y de rostro apuesta,
mas tan gentil como honesta,
y como agraciada pura.

Ámala Ruiz, pero calla,
acaso porque su amor,
para mujer de su honor,
palabras de amor no halla.

Él con ansia la contempla
al abrigo del embozo,
pero el ímpetu de mozo
ante su virtud se templa,

que es tan dulce su mirar,
que su luz por no perder,

cuando se quiso atrever
solo se atrevió a callar.

Y es tan flexible su acento,
que para no interrumpirle,
tener es fuerza al oírle
con los labios el aliento.

Medina, que fue soldado
sobre Flandes por Castilla,
y a los usos de la villa
de más tiempo acostumbrado,

suplicola tan rendido,
tan cortés la enamoró,
que ella amor le prometió
como él fuera su marido.

«¡Eso sí!, ¡por San Millán!»,
dijo Pedro con denuedo;
y la calle de Toledo
tomó en resuelto ademán.

II

Contento Pedro Medina
con su amorosa ventaja,
mas a carreras que a pasos
iba cruzando la plaza.
Saltábale el corazón
a cada paso que daba,
y frotándose ambas manos
bajo la anchurosa capa.
Los labios le sonreían,
y los ojos le brillaban
al reflejo que en el pecho
despide la amante llama.
Las gentes le hacían sitio
porque cerca no pasara,
que, según iba resuelto,
que fuese audaz recelaban.
Mas él va tan divertida
en sus amores el alma,
que ni ve donde tropieza,
ni cura de los que pasan.
Topó al volver una esquina
una vieja, y al dejarla
derribada en tierra, dijo:
«Nos casaremos mañana.»

Enredósele el estoque
en el manto de una dama,
y rasgándole una tercia,
echála un voto de a vara.
Así dando y recibiendo
encontrones y pisadas,
dio por fin con la hostería

donde su amigo jugaba.
Fue a la mesa, y preguntando
a Juan si pierde o si gana,
pidió vino y añadiole:
—Cuando acabes, dos palabras.
Recogió Juan sus monedas,
y terciándose la capa,
sentose al lado de Pedro
diciendo bajo: —¿Qué pasa?
—Me caso —dijo Medina.
Mirole Juan a la cara,
y frunciendo entrambas cejas
tosió, sin responder nada.
—¿Qué piensas? —preguntó Pedro.
—En ti y tu mujer pensaba
—contestó Juan suspirando,
con voz ronca y apagada.
—¿Supondrás que es Catalina?
—Y lo siento con el alma.
—¡Cómo!
        —Porque tengo celos.
—¡Por San Millán!
              —Yo la amaba.
—¿Y ella?
        —Nunca se lo dije,
pero ocurrióseme...
            —¡Acaba!
—Para decirla mi amor
escribirla hoy una carta.
Callaron ambos: Medina
remedio al caso buscaba,
el codo sobre la mesa,
sobre la mano la barba.

Al fin, como quien resuelve
negocio que aflige y cansa,
pidió papel y tintero,
diciendo a Juan: —¡Por mi alma,
que en mi vida en tal apuro
vacilar tanto pensaba;
y a no serte tú quien eres,
metiéralo a cuchilladas;
pero escribe, y que responda
a cual de nosotros mata!
Escribió Juan, más rasgando
al mejor tiempo la carta.
—Echemos —dijo— los dados,
y al que la mayor le caiga,
si es a mí, la escribo al punto;
si es ti, Pedro, te casas.
Tiró Juan, y sacó nueve;
y asiendo el vaso con rabia,
tiró Pedro, y sacó doce.
Con que los dos se levantan,
y atravesando la turba
que curiosa los cercaba,
parten la calle en silencio,
dándose entrambos la espalda.

III

Son, a mi pensar, los celos
delirio, pasión o mal
a cuyo influjo fatal
lloraban los mismos cielos.
A manos de tal pasión,
el más cuerdo desespera,
pues quien con celos espera,
atropella su razón.
Si con celos esperar
es importuna porfía,
ceder celoso en un día
cuanto se amó, no es amar.
De celos verse morir,
y en silencio padecer,
son celos tan de temer
cuanto duros de sufrir.
Y así, con celos amar
vale casi aborrecer,
pero con celos ceder,
es igual que delirar.
Si otro más favorecido
goza el bien que se perdió,
se habrá el disfavor sentido,
mas perdido el amor, no.
Porque en quien goza favor
sobra tal vez confianza,
y celos sin esperanza
suelen guardar más amor.
Si favor nunca tuvimos,
aún es suerte más cruel,
porque vemos ahora en él
cuanto bien haber pudimos.

Y así pienso que son celos
delirio, pasión o mal,
a cuyo influjo fatal
lloraban los mismos cielos.

Por eso llora Juan Ruiz,
celoso y desesperado,
el bien que Pedro ha ganado
más galán o más feliz.

Por eso en la soledad
se mesa barba y cabellos,
sin mirar que no está en ellos
su amante fatalidad.

¡Oh, que no fueron antojos
sus amorosos desvelos!
Que el amor que hoy le da celos
entrole ayer por los ojos.

«¿Y por qué no me atreví
—clama el triste en su aflicción—
y hoy acaso esta pasión
pudiera arrancar de mí?

Mas volveré, ¡vive Dios!
¿Pero que he de conseguir
si la he dejado elegir
marido de entre los dos?»

Y a su despecho tornando,
semejábase, en su afán,
una fiera a quien están
dentro la jaula acosando.

Sin darse el triste solaz,
cruzaba el cuarto sin tino,
pero no hallaba camino
de dar al ánimo paz.

Silbaba al dejar rabioso
paso al comprimido aliento,

y hollaba con pie violento
el pavimento ruinoso.

    Iba adelante y atrás
sin reflexión que le acuda,
a la par pidiendo ayuda
a Cristo y a Satanás.

    Túvose un momento al fin,
y en el temblor que le aqueja
se ve bien que se aconseja
con un pensamiento ruin.

    Volvió a girar otra vez,
y otra a tenerse volvió;
en esto dobló un reló
en una torre las diez.

    Entonces, quedando fijo,
exclamó en la oscuridad:
«Hoy se casan, es verdad;
hace un mes que me lo dijo.»

    Ciñó con esto el acero
con desdén a la cintura;
y saliose a la ventura,
la vuelta del Matadero.

IV

Es una noche sin Luna,
y un torcido callejón
donde hay en un esquinazo
agonizando un farol,
un balcón abierto a medias,
por los vidrios de color
arroja al aire en tumulto
de danza el confuso son.
Se oye el compás fugitivo
que llevan con pie veloz
los que danzan descuidados
dentro de la habitación.
Y se ven cruzar sus sombras
una a una y dos a dos
en fantástica carrera
y en monótona ilusión.
La casa es la de Medina,
que en ella a fiesta juntó
sus amigos y parientes
después de traspuesto el Sol.
Allí con franca algazara
festeja a la que adoró,
de quien aguarda esta noche
prendas de cumplido amor.
Está la niña galana
cual nunca el barrio la vio,
suelto en rizos el cabello,
que exhala fragante olor;
la falda de raso blanco
y acuchillado el jubón,
con vueltas de terciopelo
azul, de cielo el color;

con una hebilla de plata
ajustado el cinturón,
de donde baja en mil pliegues
un encaje en derredor;
y de un lazo de corales,
que Pedro la regaló,
lleva en una cruz de oro
la imagen del Redentor.
Tanta ventura en un día
nunca Pedro imaginó,
y así, anda desatentado
girando en la confusión.
A cada vuelta se mira
en los ojos de su amor,
y en la luz de aquellos soles
se le quema el corazón.
Y, en fin, para concluir,
se cantó, cenó y bailó,
como es costumbre en las bodas
desde entonces hasta hoy;
hasta que, cansados unos
del baile, otros del calor,
las viejas del tardo sueño,
los músicos de su son,
los muchachos de la bulla,
y los novios del honor
que les hacen sus amigos
en tan precisa ocasión,
despidiéronse uno a uno
echando sobre los dos
más bendiciones que plagas
causó a Egipto Faraón.
Quedáronse entrambos solos
la amada y el amador,

por vez primera en la vida
a merced de su pasión.
Mirábala embelesado
el amoroso español,
trémulo el rostro de gozo
y de dicha el corazón;
mirábale ella anhelante
encendida de rubor,
húmedos los negros ojos
con tiernísima afición.
Él diciéndola: «¡Alma mía!»,
diciéndole ella: «¡Mi Sol!»,
entre el son de ardientes besos
de regalado sabor.
En esto en la estrecha calle
temible ruido sonó
de voces y cuchilladas
en medrosa confusión,
y al angustiado lamento
de uno que grita: «¡Favor!
¡Ayudadme, que me matan!»
Pedro a la calle bajó
con el estoque en la diestra
y en la siniestra el farol.
Asomose Catalina
amedrentada al balcón,
llamando a Pedro afanosa,
de algún daño por temor.
Alzó Medina la cara,
y la luz con ella alzó,
pero apenas el reflejo
dio en el rostro de su amor,
una estocada traidora
por el costado le entró.

Lanzó un grito el desdichado
que partía el corazón;
lanzó la hermosa un gemido
de intensísimo dolor,
y el moribundo Medina
volviendo el gesto a un rincón,
hacia una imagen de Cristo,
de quien devoto vivió,
dijo expirando: «Soy muerto,
¡acorredme, Santo Dios!»
Y quedó tendido en tierra,
sin movimiento y sin voz.
Alzose a su lado un hombre,
y exclamando con pavor:
«¡Maldita sea mi alma!»,
mató la luz y escapó.

V

Tuvieron así los años,
uno, dos, tres, hasta siete,
embozada en el misterio
aquella impensada muerte.
En vano acudieron pronto
vecinos a socorrerle,
para vengarle los hombres,
para mentir las mujeres.
En vano salieron unos
casi desnudos a verle,
y otros salieron jurando,
armados hasta los dientes.
Nada sirvieron entonces,
ni jubones ni broqueles;
Medina quedó sin vida,
y sin justicia el aleve.
En vano son las pesquisas
de los irritados jueces,
en vano son los testigos,
las citas y los papeles.
En vano el caso averiguan
una, dos, tres, quince veces;
cada vez más se confunden
los golillas y corchetes.
En vano sobre la rastra
anduvieron diligentes
olfateando la presa
los alanos de las leyes;
porque todos son testigos,
todos declaran contestes,
todos son los agraviados,
mas ninguno delincuente.

Hubo alborotos por ello,
y pendencias más de veinte;
mas Pedro, quedó sin vida,
y sin justicia el aleve.
Catalina le lloraba,
desconsolada y doliente,
minutos, horas y días,
noches, semanas y meses.
Un año estuvo en el lecho
con accesos de demente,
y un año a su cabecera
veló Juan Ruiz sin moverse.
Dio con la puerta en los ojos
a padrinos y parientes,
diciendo: «Mientras yo viva,
no faltará quien la vele.»
Y en vano le murmuraron
de tal conducta las gentes;
Juan se mantuvo constante
a la cabecera siempre,
sin que a sondear su alma
alcanzara algún viviente
a través de la reserva
y el misterio que mantiene.
Curose al fin Catalina,
y el tiempo, que tanto puede,
siendo remedio y sepulcro
de los males y los bienes,
volvió la luz a sus ojos,
y el pudor volvió a su frente,
y el talismán de la risa
a sus labios transparente;
y salió ufana, diciendo
a cuantos por verla vienen

que la vida con que vive
solo a Juan Ruiz se la debe.
Éste, a pretexto de amigo
del triste que en polvo duerme,
no se aparta de su lado
hasta que la noche viene.
Entonces a lentos pasos
la esquina inmediata tuerce,
y en las revueltas del barrio
como un fantasma se pierde.
Mas no faltó en él alguno
que a media voz se atreviese
a decir que cuando pasa
por ante el Cristo se tiene,
y el embozo hasta los ojos,
el sombrero hasta las sienes,
cruza azaroso la calle,
como si alguien le siguiese.
En estas conversaciones,
cada vez menos frecuentes,
pasaron al fin los años,
uno, dos, tres, hasta siete.

VI

Pagada la Catalina
de amistad tan firme y tierna,
de tanto afán y desvelos,
de tan rendida fineza,
escuchó a Juan una tarde,
los ojos fijos en tierra,
dulces palabras de amores
de la balbuciente lengua.
Instó un día y otro día,
quedó siempre sin respuesta;
volvió a sus ruegos Juan Ruiz
volvió a su silencio ella.
Pasése un mes y otro mes,
y tornó Ruiz a su tema,
y tornó a callar la niña
entre enojada y risueña.
Mas tanto lidió el galán,
tanto resistió la bella,
que al cabo la linda viuda
dijo a Juan de esta manera:
—Puesto que es muerto Medina
(¡Dios en su gloria le tenga!)
y por siete años cumplidos
mi fe le he guardado entera,
y él ha visto nuestro amor
allá en la vida eterna,
os daré, Juan Ruiz, mi mano,
y mi corazón con ella.
Amigo de Pedro fuisteis,
y yo os debo la existencia;
conque es justo, a mi entender,
os cobréis entrambas deudas.

Púsose Juan Ruiz de hinojos
a los pies de la doncella,
y asiéndola las dos manos
humildemente la besa.
Acordáronse las bodas,
mas Catalina aconseja
que sean cuando él quisiese,
pero que sin ruido sean.
Las malas mañas o antojos,
o tarde o nunca se dejan,
y Juan en su mocedad
gustó de bulla y de fiesta.
Así, aunque pocos convida
para que a las bodas vengan,
buscó unos cuantos amigos
que le alegraran la mesa.
Trajo vinos los mejores,
y viandas las más frescas,
y apuntó por hora fija
de noche las diez y media.
Gustaba Juan sobre todo
de cabezas de ternera,
y asábalas con tal maña,
que a cualquier gusto pluguieran.
Gozaba en esto gran nombre
entre la gente plebeya,
de tal modo, que le daban
el apodo de Cabezas.
Ocurriole a media tarde
darse a luz con tal destreza,
y embozándose en la capa,
salió en busca de una de ellas.
Mataban aquella tarde
en el Rastro una becerra;

compró el testuz y cubriole,
asido por una oreja.
Volvió a doblar el embozo,
y contento con la presa,
de la calle en que vivía
tomó rápida la vuelta.
Iba Juan Ruiz con la sangre
dejando en pos roja huella,
que marcaba su camino
sobre las redondas piedras.
En esto, entrando en su barrio,
al doblar una calleja,
dos ministros de justicia
le pasaron muy de cerca.
Él siguió, y pasaron ellos
advirtiendo con sorpresa
la sangre con que aquel hombre
el sitio que anda gotea.
Él siguió, y tornaron ellos
por sobre el rastro que deja,
hasta entrar en otra calle
oscura, sucia y estrecha.
En un rincón, embutida,
a la luz de una linterna,
de Cristo crucificado
se ve la imagen severa.
Parose Juan; los corchetes,
que en el mismo punto llegan,
viendo que duda y vacila
en la faz de preso le cercan.
—¡Fuera el embozo! —gritaron—;
muestre a la luz lo que lleva.
Volvió los ojos al Cristo
Juan, y helósele en las venas,

a una memoria terrible,
cuanta sangre hervía en ellas.
—¡Fuera el embozo! —repiten,
y él, acongojado, tiembla,
sintiendo un cambio espantoso
que pasa en su mano mesma.
Quiso hablar, y atropellado,
un «¡Dejadme!» balbucea.
Deshiciéronle el embozo,
y mostrando Ruiz la diestra,
sacó asida del cabello
de Medina la cabeza.
—¡Acorredme, Santo Dios!
—grita aterrado, y la suelta;
mas la cabeza, oscilando,
entre los dedos le queda.
—¡Yo le maté! —clamó entonces—,
hoy ha siete años, por ella.
Y sin voz ni movimiento
cayó desplomado en tierra.

Conclusión

Y así fue que aquella noche
de sangrienta confusión,
en que al ruido de una riña
Pedro a la calle bajó
con el estoque en la diestra
y en la siniestra el farol,
no era en ella otro que Ruiz
quien llevaba lo mejor.
Como un imán a una aguja
arrastra constante en pos,
como una serpiente a un pájaro,
a una paloma un halcón
entorpecen y fascinan,
sin que ala ni pie veloz
para huirles les acudan,
a impulsos de su pasión
anduvo así Juan vagando
de la fiesta en derredor.
Y oía por las ventanas
de danza el confuso son.
Y vía cruzar las sombras,
una a una y dos a dos,
en fantástica carrera
y en monótona ilusión.
Así lloraba acosado
de sus celos y su amor,
cuando oyó de una pendencia
vivo y cercano rumor;
cerrose en ella a estocadas
tan sin acuerdo y razón,
que a cuantos hubo a las manos
adelante se llevó.

En esto acudió Medina,
y Catalina al balcón,
de la suerte recelando,
acelerada salió.
Mas al ver cuál afanosa
curaba ella de otro amor,
cegaron a Ruiz los celos,
el despecho le embriagó,
y al tiempo que alzaba Pedro
el brazo con el farol,
matole a la faz de Cristo,
como villano, a traición.
De entonces, en los siete años,
después del hecho traidor,
ni una sola vez, de miedo,
por ante el Cristo pasó.
Llegó la primera al cabo,
y en ella al Cielo ocasión
de mostrar que hay infalibles
tribunales solo dos
de irrevocable sentencia,
sin cotos ni apelación:
Para verdades el TIEMPO,
y para justicias DIOS.

Libros a la carta

A la carta es un servicio especializado para
empresas,
librerías,
bibliotecas,
editoriales
y centros de enseñanza;
y permite confeccionar libros que, por su formato y concepción, sirven a los propósitos más específicos de estas instituciones.

Las empresas nos encargan ediciones personalizadas para marketing editorial o para regalos institucionales. Y los interesados solicitan, a título personal, ediciones antiguas, o no disponibles en el mercado; y las acompañan con notas y comentarios críticos.

Las ediciones tienen como apoyo un libro de estilo con todo tipo de referencias sobre los criterios de tratamiento tipográfico aplicados a nuestros libros que puede ser consultado en Linkgua-ediciones.com.

Linkgua edita por encargo diferentes versiones de una misma obra con distintos tratamientos ortotipográficos (actualizaciones de carácter divulgativo de un clásico, o versiones estrictamente fieles a la edición original de referencia).

Este servicio de ediciones a la carta le permitirá, si usted se dedica a la enseñanza, tener una forma de hacer pública su interpretación de un texto y, sobre una versión digitalizada «base», usted podrá introducir interpretaciones del texto fuente. Es un tópico que los profesores denuncien en clase los desmanes de una edición, o vayan comentando errores de interpretación de un texto y esta es una solución útil a esa necesidad del mundo académico.

Asimismo publicamos de manera sistemática, en un mismo catálogo, tesis doctorales y actas de congresos académicos, que son distribuidas a través de nuestra Web.

El servicio de «libros a la carta» funciona de dos formas.

1. Tenemos un fondo de libros digitalizados que usted puede personalizar en tiradas de al menos cinco ejemplares. Estas personalizaciones pueden ser de todo tipo: añadir notas de clase para uso de un grupo de

estudiantes, introducir logos corporativos para uso con fines de marketing empresarial, etc. etc.

2. Buscamos libros descatalogados de otras editoriales y los reeditamos en tiradas cortas a petición de un cliente.